Loi numéro 49 956 du 16 juillet 1949 sur les publications
destinées à la jeunesse : mars 1992
Dépôt légal : mars 1992
Imprimé en France par Jean Lamour à Maxéville

CLAUDE PONTI

Le jour du Mange-poussin

lutin poche de l'école des loisirs

11, rue de Sèvres, Paris 6e

C’est le jour des masques. Blaise, le poussin masqué, a deux masques.

Tous fabriquent des masques. Soudain, Blaise, qui est parti là-bas

faire pipi, pousse un cri horrible comme un poussin qu'on mange.

Il y en a qui ne voient rien. Pourtant voilà que surgit un féroce

Mange-poussin. Il a sûrement dévoré Blaise. Il est féroce *et* affamé.

Là, il y en a qui commencent à avoir peur. La poire et le marteau

veulent se battre. Le monstre, lui, mange.

Certains poussins ont trop peur, ils se cachent sous les autres.

Le Mange-poussin grossit à chaque bouchée. Sa faim aussi grossit.

Le robinet ne sait pas ce qui se passe. Il ne voit rien dans son masque.

Il ne pleure pas, il est enrubé. Son nez coule.

Les autres ont si peur qu'ils n'ont pas assez de pattes pour trembler.

Ils sont trempés de sueur. Et c'est le jus *préféré* du monstre...

C'est l'enfer ! Un *autre* Mange-poussin ! Il est presque aussi gros

que le premier, encore plus affamé. Et il ne veut jamais partager.

Ils vont se battre. Ces sales estomacs à pattes, pleins de poils

et de dents ! Pour croquer les deux derniers pauvres petits poussins.

Le premier monstre mord le museau du deuxième avec ses dents pointues.

C’est là où est le cœur. Ça le tue d’un coup.

Heureusement, le Mange-poussin était *faux*. C'est Blaise qui s'est déguisé.

Le deuxième était *vrai*. Il est mort.

En fait, *pour de vrai*, c'est le jour du Mange-poussin.